Pablos Stundenplan

	Montag	Dienstag	Mittwoch	Donnerstag	Freitag
1.	Deutsch	Musik	Mathe 2+2=4 4−2=2	Deutsch	Englisch
2.	Mathe 2+2=4 4−2=2	Deutsch	Religion	Mathe 2+2=4 4−2=2	Deutsch
	Pause	Pause	Pause	Pause	Pause
3.	Englisch	Sport	Kunst	Sport	[illegible]he 2+2=4 4−2=2
4.	Sach-unterricht	Sport	Kunst	[illegible]	[illegible]terricht

2+2=4 4−2=2 Mathe ______

______

______

______

______

______

______

______

______

Am Montag hat Pablo

☐ Mathe. ☐ Sport. ☐ Musik.

Am Dienstag hat er

☐ Sachunterricht. ☐ Mathe. ☐ Sport.

Am Donnerstag hat er

☐ Deutsch. ☐ Kunst. ☐ Englisch.

Am Mittwoch hat er

☐ Deutsch. ☐ Religion. ☐ Englisch.

Am Freitag hat er

☐ Kunst. ☐ Sachunterricht. ☐ Musik.

Wie viele Stunden hat er am Montag?

☐ drei ☐ vier ☐ fünf ☐ sechs

	rechnen	
1 + 2 = 3	rechnet	rechnen
8 − 4 = 4	rechnest	rechnet
2 · 3 = 6	~~rechne~~	rechnen
9 : 3 = 3		

ich	rechne
du	
er, sie, es	
wir	
ihr	
sie	

Ich	lesen	in Sport	ein Buch.
Du	malen	in Mathe	ein Bild.
Lea	singen	in Deutsch	ein Lied.
Ihr	rennen	in Kunst	schnell.
Wir	rechnen	in Musik	mit Zahlen.
Sie (Plural)	essen	in der Pause	ein Brot.

Ich lese in Deutsch ein Buch.

! Mehrere Lösungen sind möglich. Die Verben müssen konjugiert werden.

Kalender

2022 ← das Jahr

der Monat

der Tag

Januar

Mo	Di	Mi	Do	Fr	Sa	So
					1	2
3	4	5	6	7	8	9
10	11	12	13	14	15	16
17	18	19	20	21	22	23
24	25	26	27	28	29	30
31						

Februar

Mo	Di	Mi	Do	Fr	Sa	So
	1	2	3	4	5	6
7	8	9	10	11	12	13
14	15	16	17	18	19	20
21	22	23	24	25	26	27
28						

März

Mo	Di	Mi	Do	Fr	Sa	So
	1	2	3	4	5	6
7	8	9	10	11	12	13
14	15	16	17	18	19	20
21	22	23	24	25	26	27
28	29	30	31			

April

Mo	Di	Mi	Do	Fr	Sa	So
				1	2	3
4	5	6	7	8	9	10
11	12	13	14	15	16	17
18	19	20	21	22	23	24
25	26	27	28	29	30	

Mai

Mo	Di	Mi	Do	Fr	Sa	So
						1
2	3	4	5	6	7	8
9	10	11	12	13	14	15
16	17	18	19	20	21	22
23	24	25	26	27	28	29
30	31					

Juni

Mo	Di	Mi	Do	Fr	Sa	So
		1	2	3	4	5
6	7	8	9	10	11	12
13	14	15	16	17	18	19
20	21	22	23	24	25	26
27	28	29	30			

Juli

Mo	Di	Mi	Do	Fr	Sa	So
				1	2	3
4	5	6	7	8	9	10
11	12	13	14	15	16	17
18	19	20	21	22	23	24
25	26	27	28	29	30	31

August

Mo	Di	Mi	Do	Fr	Sa	So
1	2	3	4	5	6	7
8	9	10	11	12	13	14
15	16	17	18	19	20	21
22	23	24	25	26	27	28
30	31					

September

Mo	Di	Mi	Do	Fr	Sa	So
			1	2	3	4
5	6	7	8	9	10	11
12	13	14	15	16	17	18
19	20	21	22	23	24	25
26	27	28	29	30		

Oktober

Mo	Di	Mi	Do	Fr	Sa	So
					1	2
3	4	5	6	7	8	9
10	11	12	13	14	15	16
17	18	19	20	21	22	23
24	25	26	27	28	29	30
31						

November

Mo	Di	Mi	Do	Fr	Sa	So
	1	2	3	4	5	6
7	8	9	10	11	12	13
14	15	16	17	18	19	20
21	22	23	24	25	26	27
28	29	30				

Dezember

Mo	Di	Mi	Do	Fr	Sa	So
			1	2	3	4
5	6	7	8	9	10	11
12	13	14	15	16	17	18
19	20	21	22	23	24	25
26	27	28	29	30	31	

1. der Januar ____________
2. der ____________
3. der ____________
4. der ____________
5. ____________
6. ____________
7. ____________
8. ____________
9. ____________
10. ____________
11. ____________
12. ____________

1. erste
2. zweite
3. dritte
4. vierte
5. fünfte
6. sechste
7. siebte
8. achte
9.
10.
11.
12.
13.
14.
15.
16.
17.
18.
19.
20. zwanzigste
21. einundzwanzigste
22. zweiundzwanzigste
23. dreiundzwanzigste
24. vierundzwanzigste
25. fünfundzwanzigste
26.
27.
28.
29.
30.
31.

Juni 2022

Mo	Di	Mi	Do	Fr	Sa	So
		1	2	3	4	5
6	7	8	9	10	11	12
13	14	15	16	17	18	19
20	21	22	23	24	25	26
27	28	29	30			

Der zweite Monat im Jahr heißt	Mai.
Der vierte Monat im Jahr heißt	Februar.
Der erste Monat im Jahr heißt	Januar.
Der fünfte Monat im Jahr heißt	März.
Der dritte Monat im Jahr heißt	April.
Der siebte Monat im Jahr heißt	Juni.
Der neunte Monat im Jahr heißt	September.
Der sechste Monat im Jahr heißt	August.
Der elfte Monat im Jahr heißt	Juli.
Der zwölfte Monat im Jahr heißt	Dezember.
Der achte Monat im Jahr heißt	November.
Der zehnte Monat im Jahr heißt	Oktober.

Mittwoch, der erste Januar 2020

Samstag, der fünfundzwanzigste Januar 2020

Samstag, der vierzehnte November 2020

Mittwoch, der fünfte Februar 2020

Sonntag, der vierundzwanzigste Mai 2020

Donnerstag, der sechste Februar 2020

Sonntag, der einunddreißigste Mai 2020

Freitag, der dreißigste Oktober 2020

Sonntag, der dreizehnte Dezember 2020

Donnerstag, der dritte September 2020

Montag, der dreiundzwanzigste März 2020

Dienstag, der achtzehnte August 2020

Dienstag, der elfte August 2020

Montag, der dreißigste März 2020

Welcher Tag ist heute?

Heute ist Freitag, der elfte Dezember 2020.

Ein Jahr hat zwölf ______ Monate. Eine Woche hat ______ Tage. Ein Tag hat vierundzwanzig ______. Der dritte Monat im Jahr ist der ______, und August ist der ______ Monat im Jahr. Sieben Monate haben einunddreißig Tage und vier Monate haben dreißig Tage. Der erste Monat im Jahr mit einunddreißig Tagen ist der Monat ______. Der Monat Februar hat nur achtundzwanzig Tage. Alle vier Jahre hat der Februar neunundzwanzig ______. Das Jahr heißt Schaltjahr. Der erste Monat im Jahr mit dreißig Tagen ist der Monat ______. Wie viele Tage hat der Monat Mai? Er hat ______ Tage. Der letzte und zwölfte Monat im Jahr ist der ______. Im Juni, ______ und August ist es in Deutschland oft heiß. Im Dezember, Januar und Februar ist es oft ______.

~~zwölf~~ April sieben achte kalt Tage Stunden
einunddreißig Dezember Juli März Januar

Kalender

die Jahreszeit

der Sommer

der Frühling

der Herbst

der Winter

der Schmetterling

der Schlitten

der See

das Blatt

der Hase

der Frühling

Frühling

der März

Sommer

der Dezember
der Juni
der Januar
~~der März~~
der November
der April
der Februar
der Juli
der Oktober
der Mai
der September
der August

Herbst

Winter

Jahres-zeiten: der Frühling,

Singular / Plural

der ____________ die ____________ e

____________ die ____________ e

____________ die ____________ e

____________ die ____________ n

____________ die ____________ n

Frühling
Sommer
Herbst
Winter

____________ vier ____________ en

____________ die ____________ a→ä er

____________ die ____________ =

____________ die ____________ =

____________ die ____________ =

Der Monat April
ist im Frühling.
☐ ja ☐ nein

Juli ist der siebte
Monat im Jahr.
☐ ja ☐ nein

Im Sommer fahre ich
mit dem Schlitten.
☐ ja ☐ nein

Der Monat August
ist im Winter.
☐ ja ☐ nein

Januar ist der dritte
Monat im Jahr.
☐ ja ☐ nein

Im Sommer springe
ich in den See.
☐ ja ☐ nein

Der Monat Mai
ist im Herbst.
☐ ja ☐ nein

Februar ist der zweite
Monat im Jahr.
☐ ja ☐ nein

Im Winter ist es in
Deutschland oft heiß.
☐ ja ☐ nein

Der Monat März
ist im Sommer.
☐ ja ☐ nein

Der Oktober hat
einunddreißig Tage.
☐ ja ☐ nein

Im Herbst sind
viele Blätter braun.
☐ ja ☐ nein

Der Monat Dezember
ist im Winter.
☐ ja ☐ nein

Der April hat
dreißig Tage.
☐ ja ☐ nein

Im Frühling sind viele
Blumen im Garten.
☐ ja ☐ nein

Im Winter fahren	ich Gitarre und singe ein Lied.
Im Sommer schwimmen	wir mit dem Schlitten im Schnee.
Im Frühling spiele	Carlo und Elif glücklich im See.
Im Herbst kauft	du ein lustiges Buch im Bett.
Im Sommer fliegt	Mama einen großen Kürbis.
Im Winter liest	die Bäume gelbe und rote Blätter.
Im Herbst haben	ein brauner Hase durch den Garten.
Im Frühling rennt	ihr zu Oma und Opa in die Türkei.

Ich	trinken	im Winter	Geburtstag.
Du	spielen	im Sommer	Fußball.
Erik	haben	im Sommer	Tee mit Zitrone.
Wir	essen	im Herbst	ein Bild mit vielen Farben.
Ihr	fahren	im Herbst	mit dem Roller.
Sie (Plural)	malen	im Frühling	leckere Äpfel und Birnen.

Ich

! Mehrere Lösungen sind möglich. Die Verben müssen konjugiert werden.

der

das Gewitter
der Blitz
der Donner
die Sonne
die Wolke
der Nebel
der Wind
der Schnee
der Regen
das Eis

Die Sonne ist heiß.

☒ richtig ☐ falsch

Regen schmeckt scharf.

☐ richtig ☒ falsch

Eis ist kalt.

☐ richtig ☐ falsch

Nebel kostet achtundzwanzig Euro.

☐ richtig ☐ falsch

Gewitter haben Blitze und Donner.

☐ richtig ☐ falsch

Der Wind hat heute Geburtstag.

☐ richtig ☐ falsch

Schmetterlinge fliegen auf Blumen.

☐ richtig ☐ falsch

Zwei Hasen haben fünf Nasen.

☐ richtig ☐ falsch

Wolken wohnen im Keller.

☐ richtig ☐ falsch

Der Donner kommt am Donnerstag.

☐ richtig ☐ falsch

Ein Tag hat vierundzwanzig Stunden.

☐ richtig ☐ falsch

Donner hörst du.

☐ richtig ☐ falsch

Schmetterlinge fahren Schlitten.

☐ richtig ☐ falsch

Wolken sind grün, rot und braun.

☐ richtig ☐ falsch

Schnee ist weiß.

☐ richtig ☐ falsch

☐ der Blitz
☐ die Sonne

☐ der Regen
☐ der Schnee

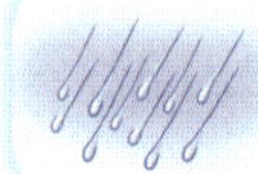

☐ das Eis
☐ der Regen

☐ der Donner
☐ die Wolke

☐ der Nebel
☐ der Wind

☐ das Gewitter
☐ das Eis

	______________	die ______________	e
	______________	die ______________	e
	______________	die ______________	n
	______________	die ______________	n
	______________	die ______________	¨
	______________	die ______________	¨
	______________	die ______________	¨

	das Eis	windig
	der Wind	sonnig
	die Sonne	nebelig
	der Nebel	eisig
	die Wolke	wolkig
	der Regen	es gewittert
	das Gewitter	es regnet
	der Donner	es blitzt
	der Blitz	es donnert
	der Schnee	es schneit

Wie ist das Wetter heute?

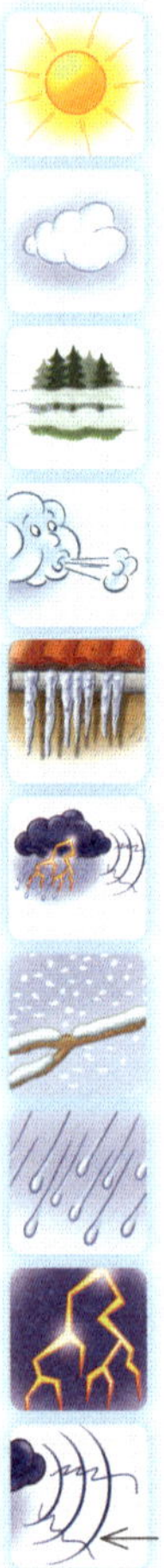

Es ist sonnig.

Es gewittert.

- ☐ sonnig
- ☐ nebelig
- ☐ wolkig

- ☐ es regnet
- ☐ es gewittert
- ☐ windig

- ☐ eisig
- ☐ es gewittert
- ☐ wolkig

- ☐ es schneit
- ☐ es blitzt
- ☐ es regnet

- ☐ windig
- ☐ sonnig
- ☐ nebelig

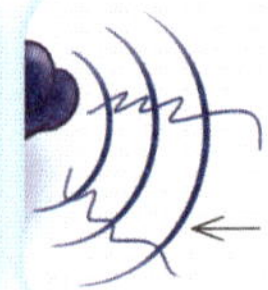

- ☐ sonnig
- ☐ es donnert
- ☐ es schneit

- ☐ eisig
- ☐ wolkig
- ☐ windig

- ☐ es regnet
- ☐ es blitzt
- ☐ es donnert

- ☐ nebelig
- ☐ es gewittert
- ☐ eisig

- ☐ es donnert
- ☐ es schneit
- ☐ es blitzt

Isa und Leo	singen	im Regen	ein lustiges Lied.
Wir	mögen	in der Nacht	einen Donner.
Anton	fahren	in der Sonne	kein Gewitter.
Du	hören	im Schnee	ein leckeres Eis.
Blätter	essen	im Wind	mit dem Schlitten.
Ich	fliegen	im Garten	von den Bäumen.

! Mehrere Lösungen sind möglich. Die Verben müssen konjugiert werden.

 Sonnen + Schirm 

der Sonnenschirm 

 Regen + Wolke 

die 

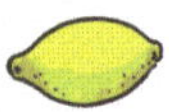 Zitronen + Eis 

das 

 Wind + Rad 

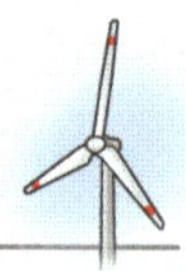

 Schlitten + Hund 

 Sonnen + Blume 

 Gewitter + Wolke 

 Sonnen + Brille 

 Schnee + Ball 

 Regen + Hose 

das Krankenhaus

die Polizei

die Schule

der Bahnhof

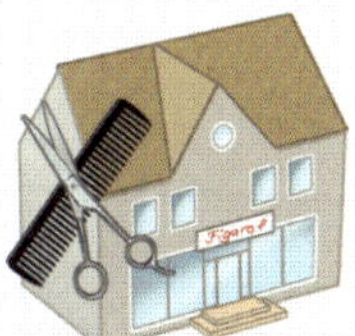

der Friseur

die Post

die Eisdiele

der Spielplatz

die Straße

der Gehweg

Stadt

	______	die ______	au → äu er
	______	die ______	a → ä e
	______	die ______	n
	______	die ______	n
	______	die ______	n
	______	die ______	e
	______	die ______	e
	______	die ______	o → ö e
	______		ohne Plural
	______		ohne Plural

gegenüber

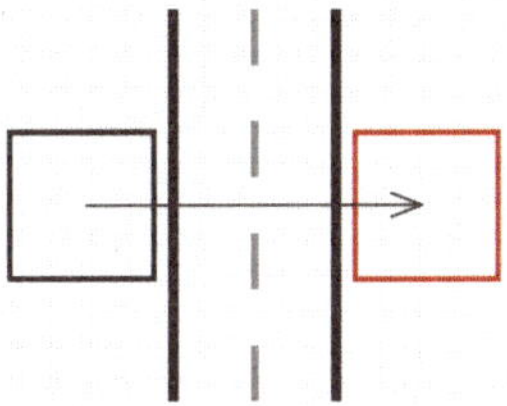

neben

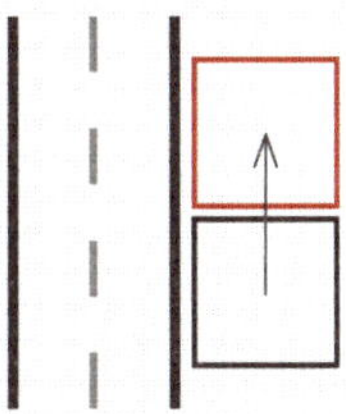

zwischen

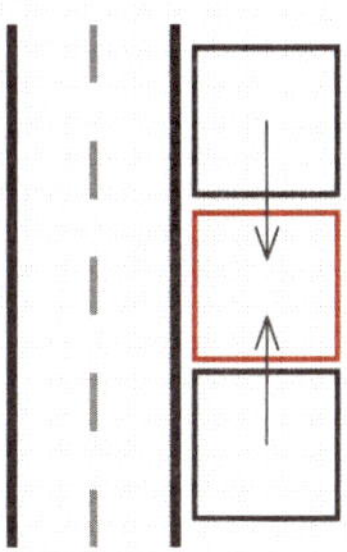

Der Spielplatz ist neben
der Schule.
☐ ja ☐ nein

Der Friseur ist gegenüber
dem Krankenhaus.
☐ ja ☐ nein

Der Bahnhof ist zwischen der
Polizei und der Post.
☐ ja ☐ nein

Die Eisdiele ist neben
dem Bahnhof.
☐ ja ☐ nein

Der Spielplatz ist
gegenüber dem Friseur.
☐ ja ☐ nein

Die Polizei ist

gegenüber

der Schule.

Der Spielplatz ist

____

der Eisdiele.

Das Krankenhaus ist

____

der Post.

Die Schule ist

____

der Polizei.

Der Spielplatz ist

____

der Schule und der Eisdiele.

Die Schule ist

____

dem Spielplatz.

Das Krankenhaus ist

____

dem Friseur.

Der Spielplatz ist

____

dem Bahnhof.

Der Bahnhof ist

____

der Post und der Polizei.

Der Friseur ist

____

der Eisdiele.

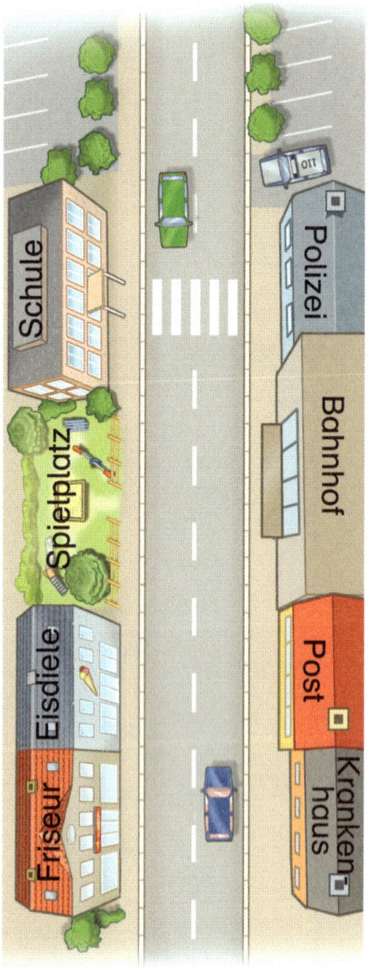

Dativ

aus der wird dem
aus die wird der
aus das wird dem
aus die wird den

Wo ist ...?

Die Schule ist neben dem Spielplatz. Die Eisdiele ist gegenüber der Post. Die Post ist neben dem Krankenhaus. Das Krankenhaus ist gegenüber ______ Friseur. Der Friseur ist neben ______ Eisdiele. Die Eisdiele ist zwischen ______ Friseur und ______ Spielplatz. Der Spielplatz ist neben ______ Schule. Die Schule ist gegenüber ______ Polizei. Der Bahnhof ist zwischen ______ Polizei und ______ Post. Die Post ist neben ______ Bahnhof. Der Bahnhof ist gegenüber ______ Spielplatz. Der Spielplatz ist zwischen ______ Schule und ______ Eisdiele. Die Eisdiele ist neben ______ Friseur. Der Friseur ist gegenüber ______ Krankenhaus. Das Krankenhaus ist neben ______ Post. Die Post ist zwischen ______ Krankenhaus und ______ Bahnhof. Die Straße ist zwischen ______ Gehwegen.

Wo ist ...?

Die Polizei ist neben dem Bahnhof.

Der Spielplatz ______________________________

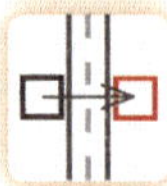
Der Friseur ______________________________

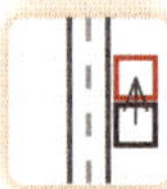
Das Krankenhaus ______________________________

Der Bahnhof ______________________________

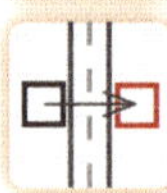
Der Spielplatz ______________________________

der Bus

die Haltestelle

die Ampel

das Auto

die Bahn

der Helm

das Motorrad

der Lastwagen

der Fußgänger

der Zebrastreifen

	______	die ______	se
	______	die ______	en
	______	die ______	n
	______	die ______	n
	______	die ______	e
	______	die ______	s
	______	die ______	a→ä er
	______	die ______	=
	______	die ______	=
	______	die ______	=

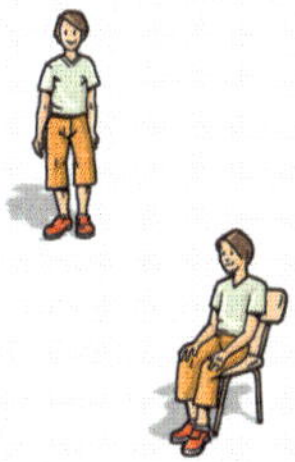

	stehen		sitzen	
	steht	stehe	sitzen	sitzt
	steht	stehen	sitzt	sitzt
	stehst	stehen	sitze	sitzen

ich		
du		
er, sie, es		
wir		
ihr		
sie		

auf

in

an

Bruno
☐ sitzt auf
☐ steht an
dem Stuhl.

Sofia
☐ steht auf
☐ sitzt in
dem Bus.

Bruno
☐ steht an
☐ steht auf
der Haltestelle.

Oma und Opa
☐ sitzen auf
☐ sitzen in
der Bahn.

Pippa
☐ sitzt auf
☐ steht an
dem Pferd.

Bruno
☐ steht an
☐ steht in
der Ampel.

Der Helm
☐ sitzt auf
☐ steht in
dem Kopf.

Bert und Bello
☐ stehen in
☐ stehen an
dem Auto.

Die Blume
☐ steht in
☐ steht auf
dem Schrank.

Die Puppe
☐ sitzt in
☐ steht an
dem Regal.

Der Baum
☐ steht in
☐ steht an
dem Haus.

Fatima
☐ sitzt auf
☐ steht in
dem Fahrrad.

Dativ

aus der wird dem
aus die wird der
aus das wird dem
aus die wird den

Wo ...?

Sonja sitzt auf dem Stuhl. Anton steht an der Ampel. Fatima sitzt auf dem Fahrrad. Benedikt sitzt in ______ Bahn. Helena steht an ______ Haltestelle. Leonardo sitzt in ______ Lastwagen. Lioba sitzt auf ______ Motorrad. Josef reitet auf ______ Pferd. Julia sitzt in ______ Auto. Hamit sitzt in ______ Bus. Kira steht an ______ Zebrastreifen. Manuel steht auf ______ Roller. Der Helm sitzt auf ______ Kopf. Zada steht an ______ Bus. Daniel sitzt auf ______ Schaukel. Svetlana sitzt auf ______ Bank. Der Teller steht auf ______ Tisch. Luka steht an ______ Tafel. Der Vogel sitzt auf ______ Baum. Ali schwimmt in ______ Wasser. Karl kocht in ______ Küche. Sie spielen in ______ Kinderzimmer. Wir rechnen in ______ Schule. Igor und Isabell sitzen auf ______ Sofa. Wir sitzen auf ______ Stühlen.

Dativ	
	aus der wird dem
	aus das wird dem

Wo ...?

kurz	
	in + dem → im
	an + dem → am

Lasse sitzt in dem ______ Lastwagen.	Lasse sitzt im ______ Lastwagen.
Annalena steht an dem ______ Auto.	Annalena steht am ______ Auto.
Benjamin sitzt in ______ Bus.	Benjamin sitzt ______ Bus.
Wicky sitzt in ______ Wohnzimmer.	Wicky sitzt ______ Wohnzimmer.
Sebastian steht an ______ Schrank.	Sebastian steht ______ Schrank.
Die Puppe sitzt in ______ Regal.	Die Puppe sitzt ______ Regal.
Wally schwimmt in ______ Wasser.	Wally schwimmt ______ Wasser.
Sie spielen in ______ Kinderzimmer.	Sie spielen ______ Kinderzimmer.
Corinna sitzt an ______ Computer.	Corinna sitzt ______ Computer.
Theodor sitzt an ______ Tisch.	Theodor sitzt ______ Tisch.
Das Pferd steht an ______ Baum.	Das Pferd steht ______ Baum.

Wo ...?

Oma steht am Auto.

Manuela

Bruno

Pippa

Berto

Dieter

Nadine

Der

Blanca mag Bücher. Sie	dem Bahnhof und der Polizei.
Mein Opa wohnt zwischen	sitzt im Bus und liest ein dickes Buch.
Elisabeth kauft ein Eis.	stehen auf dem Gehweg an der Ampel.
Die Ampel ist rot. Wir	Sie steht neben Ben in der Eisdiele.
Deine Mutter steht an der	Roller. Er fährt auf dem Gehweg.
Ricardo steht auf dem	Sie sitzen am Tisch in der Küche.
Ich mag den Spielplatz. Ich	Bushaltestelle. Du sitzt im Bus.
Till und Tina kochen Tee.	sitze mit Bello auf der Schaukel.

 Motorrad + Helm 

der

 Polizei + Auto 

 See + Hund 

 Seil + Bahn 

 Schnee + Schuh 

 Bus + Haltestelle 

 Eis + Tee 

 Straßen + Bahn 

 Winter + Jacke 

 Sommer + Kleid 

ich

mein Ball
mein Seil
meine Hose
meine Bälle

 mein Bus

du

dein Ball
dein Seil
deine Hose
deine Bälle

 dein Helm

er

sein Ball

sein Seil

seine Hose

seine Bälle

 ______________________

 ______________________

 ______________________

 ______________________

 ______________________

 ______________________

 ______________________

 ______________________

sie

ihr Ball

ihr Seil

ihre Hose

ihre Bälle

 ______________________

 ______________________

 ______________________

 ______________________

 ______________________

 ______________________

 ______________________

 ______________________

wir

unser Ball
unser Seil
unsere Bank
unsere Bälle

ihr

euer Ball

euer Seil

eure Bank

eure Bälle

Possessivartikel

Wir fahren mit dem Auto.	Mein Fahrrad fährt schnell.
Lisa steht an der Haltestelle.	Deine Schule heißt Hasenschule.
Ich habe ein gelbes Fahrrad.	Unser Auto ist grün und schwarz.
Ihr sitzt in der Straßenbahn.	Ihr Bus kommt um Viertel vor zwei.
Du wohnst neben der Schule.	Eure Straßenbahn fährt zur Post.
Leo wohnt in der Seestraße.	Mein Käsebrot schmeckt lecker.
Wir spielen mit dem Fußball.	Sein Haus ist neben der Eisdiele.
Ich esse in der Pause ein Brot.	Unser Fußball ist grün und weiß.

Daria und Andy sind in der dritten Klasse. Am ____________ haben sie in der fünften und sechsten Stunde ____________. Daria und Andy mögen Sport. Daria hat am ersten Dezember Geburtstag. Das ist im ____________. Andy hat am dreißigsten ____________ Geburtstag. Das ist im Frühling. Andy mag den ____________. Im April ist das Wetter oft lustig. Am Morgen ist es ____________, dann kommt die Sonne, dann eine dicke Wolke und ____________ oder Schnee. Andy fährt immer mit dem ____________ in die Schule. Seine Haltestelle ist ____________ der Post. Daria fährt mit dem Fahrrad. Sie wohnt neben dem ____________. Andy hat einen Hund. ____________ Hund heißt Lotta. Daria mag Lotta. Am Nachmittag kaufen sie in der Eisdiele ein ____________. Das Eis schmeckt ____________.

Bus Zitroneneis Spielplatz Frühling nebelig Dienstag
lecker Regen gegenüber Sport Sein April Winter

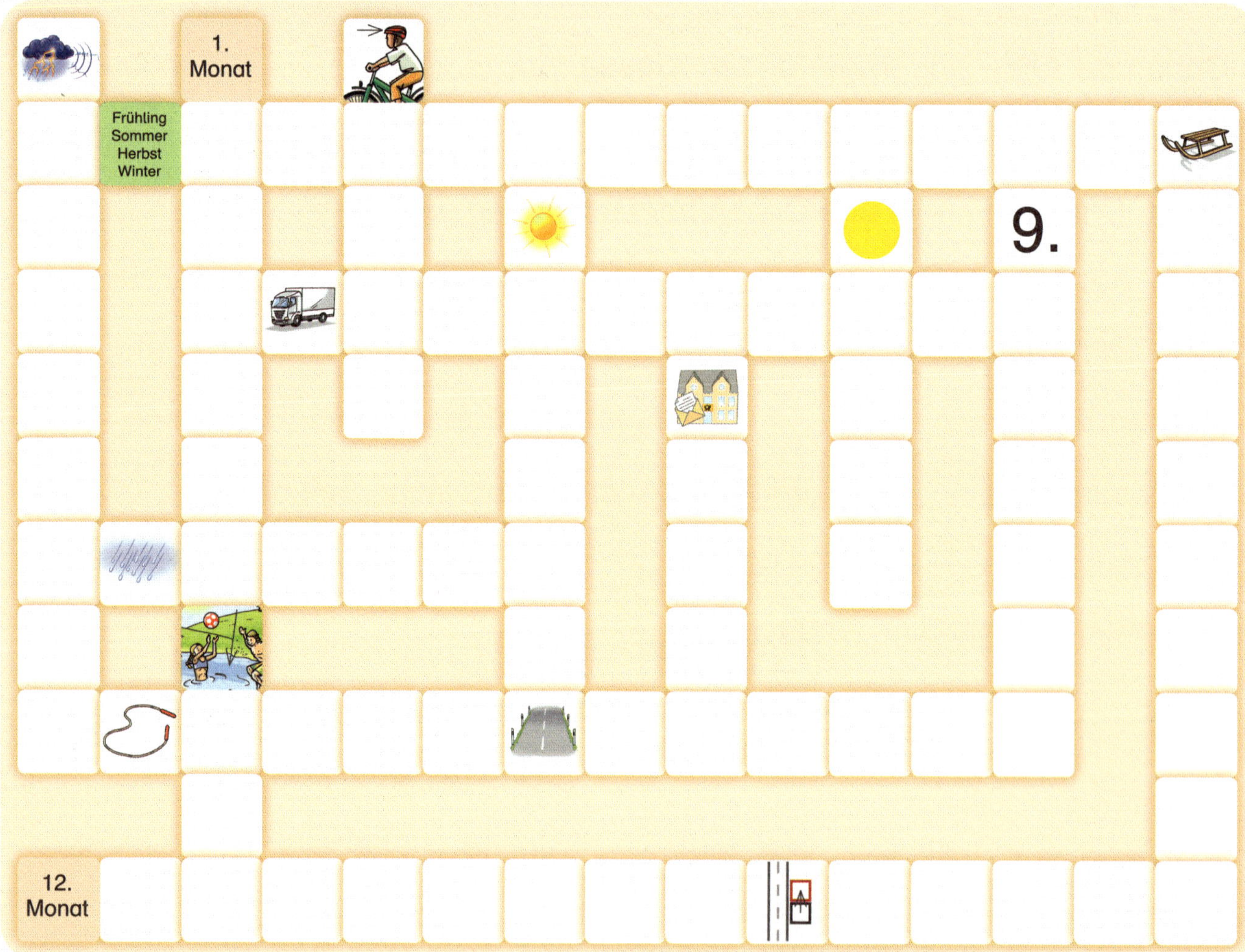
1.
Monat
Frühling
Sommer
Herbst
Winter
9.
12.
Monat

4. Monat
5. Monat
2020
23.
Juni

Stundenplan

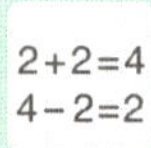

Mathe

Deutsch

Englisch

Sport

Kunst

Musik

Sachunterricht

Religion

Pause

Kalender

der Tag, die Tage

der Monat, die Monate

das Jahr, die Jahre

1. der Januar
2. der Februar
3. der März
4. der April
5. der Mai
6. der Juni
7. der Juli
8. der August
9. der September
10. der Oktober
11. der November
12. der Dezember

Jahreszeiten

der Frühling, die Frühlinge

der Sommer, die Sommer

der Herbst, die Herbste

der Winter, die Winter

der Schlitten, die Schlitten

der See, die Seen

der Schmetterling, die Schmetterlinge

der Hase, die Hasen

Frühling
Sommer
Herbst
Winter

die Jahreszeit, die Jahreszeiten

das Blatt, die Blätter

Wetter

der Regen

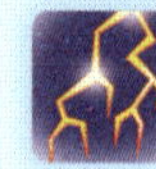
der Blitz, die Blitze

der Donner, die Donner

der Nebel, die Nebel

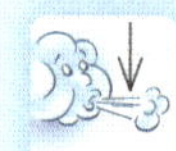
der Wind, die Winde

der Schnee

die Sonne, die Sonnen

die Wolke, die Wolken

das Eis

das Gewitter, die Gewitter

Stadt

der Bahnhof, die Bahnhöfe

der Friseur, die Friseure

der Spielplatz, die Spielplätze

der Gehweg, die Gehwege

die Schule, die Schulen

die Post

die Straße, die Straßen

die Polizei

die Eisdiele, die Eisdielen

das Krankenhaus, die Krankenhäuser

Verkehr

der Bus, die Busse

der Lastwagen, die Lastwagen

der Helm, die Helme

der Fußgänger, die Fußgänger

der Zebrastreifen, die Zebrastreifen

die Ampel, die Ampeln

die Haltestelle, die Haltestellen

die Bahn, die Bahnen

das Motorrad, die Motorräder

das Auto, die Autos

Ordinalzahlen

1. erste
2. zweite
3. dritte
4. vierte
5. fünfte
6. sechste
7. siebte
8. achte
9. neunte
10. zehnte
11. elfte
12. zwölfte

:

20. zwanzigste
21. einundzwanzigste
22. zweiundzwanzigste

:

Verben

rechnen
stehen
sitzen
blitzen
regnen
schneien
gewittern
donnern

Adjektive

eisig
sonnig
wolkig
windig
nebelig

Präpositionen

auf
an
in
neben
zwischen
gegenüber

Possessivartikel

unser
euer

Bestimmte Artikel

Der, die, das sind Artikel. Fast alle Nomen haben einen Artikel. Die Zuordnung der Artikel ist nicht regelhaft. Lerne deshalb die Artikel mit den Nomen mit. Die Farben können dir dabei helfen.

Plural

Es gibt verschiedene Pluralformen. Der Artikel ist immer die. Meist wird eine Endung ergänzt (die Birne – die Birnen). Manchmal ändert sich auch der Vokal (das Dach – die Dächer). Einige Wörter bleiben unverändert (der Stiefel – die Stiefel).

Zusammengesetzte Nomen

Der Artikel des zweiten Nomens bestimmt den Artikel des gesamten Wortes: das Eis + der Tee → der Eistee. Manchmal werden einzelne Buchstaben als Fugenelement benötigt: Sonne + Blume → Sonnenblume.

Verben

Verben verändern sich, wenn unterschiedliche Pronomen (Fürwörter) vorausgehen. Verben können sich regelhaft oder unregelhaft verändern. Unregelmäßige Verben im Präsens sind durch einen lila Rahmen gekennzeichnet.

ich	koche
du	kochst
er, sie, es	kocht
wir	kochen
ihr	kocht
sie	kochen

ich	lese
du	liest
er, sie, es	liest
wir	lesen
ihr	lest
sie	lesen

Grammatik